우리나라
야생동물 찾기

동시와 세밀화로 만나는 천연기념물▪멸종위기 야생동물 그림책

우리나라 야생동물 찾기

조소정 글 | 신외근 그림

초판1쇄 2023년 10월 20일
펴낸이 조인숙
펴낸 곳 도서출판 하늘우물
출판등록 제402-2020-000012호
주소 (15882) 경기도 군포시 송부로 222, 511동 1103호
전화 070-7818-7794
모바일 팩스 0508-912-1520
이메일 booklove34@naver.com
블로그 naver.com/booklove555

ISBN 979-11-983866-4-9   73810

ⓒ 2023 Tour with wildlife in Korea
　글 조소정(Jo Sojeong), 그림 신외근(Shin Woigeun)

★ 이 책은 저작권법에 의하여 보호를 받는 저작물이므로 무단 복제하여 사용할 수 없습니다.
★ 책값은 뒤표지에 있습니다. 잘못된 책은 구입하신 곳에서 바꾸어 드립니다.

주의사항: 종이에 베이거나 긁히지 않도록 조심하세요. 책 모서리가 날카로우니 던지거나 떨어뜨리지 마세요.

동시와 세밀화로 만나는 천연기념물

멸종위기 야생동물 그림책

우리나라 야생동물 찾기

조소정 글 | 신외근 그림

하늘우물

| 차례 |

시인의 말 -- 7

제1부
땅에서 사라져가는 동물을 찾아서

대륙사슴 --- 10
늑대 --- 12
반달가슴곰 --- 14
하늘다람쥐 --- 15
붉은박쥐 --- 16
시베리아호랑이 --- 18
사향노루 --- 20
붉은여우 --- 22
토끼박쥐 --- 23
표범 --- 24
산양 --- 26
스라소니 --- 28
무산쇠족제비 --- 30
작은관코박쥐 --- 31
담비 --- 32
삵 --- 34

제2부

하늘에서 사라져가는 새를 찾아서

황새	38
검독수리	40
노랑부리백로	42
매	43
두루미	44
뜸부기	46
따오기	48
긴꼬리딱새	49
검은머리갈매기	50
긴점박이올빼미	52
까막딱따구리	53
수리부엉이	54
넓적부리도요	56
노랑부리저어새	57
크낙새	58
큰말똥가리	60
붉은해오라기	61

| 차례 |

제3부
물에서 사라져가는 생물을 찾아서

물개	64
점박이물범	66
큰바다사자	68
철갑상어	69
수달	70
강치	72
상괭이	73
귀신고래	74
붉은발말똥게	76
의염통성게	77
바다거북	78
물거미	80
해마	81
남방큰돌고래	82
갯게	84
고리도룡뇽	85

땅에서 사라져가는 동물을 소개합니다.	86
하늘에서 사라져가는 새를 소개합니다.	90
물에서 사라져가는 생물을 소개합니다.	94
그림 작가의 말	98

| 시인의 말 |

여러분은 가끔씩 동물원에 갈 때가 있나요?

그곳에 가면 동물들을 직접 볼 수 있지만, 한편으로는 '이 동물들이 여기서 사는 게 맞을까?'라는 생각이 들어요.

육지 동물들이 숲이 우거진 자연에서 마음껏 뛰어다닐 수 있다면, 큰 바다 동물들이 심해에서 마음껏 헤엄칠 수 있다면, 얼마나 좋을까요?

동물들은 야생에서 있을 때가 가장 행복하고 최고로 멋진 모습이니까요.

사람들은 하늘다람쥐를 만나면 흐뭇하게 지켜보기도 하고, 하늘높이 나는 새들의 아름다운 날갯짓과 지저귐 소리에 위로를 받아요.

그런데 현실은 무분별한 개발과 환경오염, 기후변화로 서식지를 잃은 많은 동식물이 사라져 가고 있어요.

동물들에게 가장 큰 천적이 인간이라는 것을 알고 있나요?

담비는 부드러운 털로 인하여 잡혀갔고요. 대륙사슴은 멋진 뿔 때문에 목숨을 잃기도 했어요.

지구에서 동물들이 다 사라지기 전에 보호하고 지켜나가는 일을 멈추어서는 안 된다고 생각해요. 푸른 지구에서 수많은 동물들이 오래도록 사람들과 함께 살아간다면 정말 좋겠어요.

다양한 동물을 창조하신 하나님께 깊은 감사를 드려요. 또한 정성을 다해 동물그림을 그려주신 신외근 화가님께도 감사드립니다.

동시인 조소정

제 1 부

땅에서 사라져가는 동물을 찾아서

대륙사슴

하늘하늘
날아다니던
매화 꽃잎

대륙사슴 위에
살포시 앉아
흰 반점이 되었나봐.

꽃사슴으로 불리는 걸 보니.

늑대

꽃사슴 잡는 사냥꾼들
총 탕탕 쏘아대자
와르르 흔들리는 숲에서
꽃사슴 사라지고

숲에 살던 늑대들
하나둘 모습 감추더니

이제는
눈 씻고 봐도
찾을 수가 없다.
대한민국에서는.

반달가슴곰

지리산 자락에서
가슴에
반달품고 살아간대요.

산에 온 사람들이
던져준 초콜릿
쩝쩝대며 먹고는
자꾸 기웃거린대요.

단 것 많이 먹으면
이가 썩고 아프다는 걸
모르나 봐요.

하늘다람쥐

잣나무 숲에서 만난
눈망울이 커다란 하늘다람쥐

땅 위에서는
거북이처럼 엉금엉금

나무 위에서는
새처럼 펄럭펄럭
익막* 펼쳐
다른 나뭇가지로 날아간다.

눈 깜짝할 사이에 사라졌다.

*익막: 활주 또는 비행을 하는, 조류를 제외한 척추동물에서 앞다리, 몸쪽, 뒷다리에 걸쳐서 피부의 주름으로 형성된 막을 말해요. 박쥐, 하늘다람쥐, 날다람쥐, 날도마뱀 따위에서 볼 수 있어요.

붉은박쥐

낮에는
깊은 동굴 벽에
거꾸로 매달려 자더니

밤에는
황금빛 날개 펼쳐
어두운 하늘을
무리지어 날아다닌다.

구경하는 이 없어도
황금 날개 활짝 펼쳐
허공을 가른다.

시베리아 호랑이

"어흥!
떡 하나 주면 안 잡아먹지."

『해님달님』속
무서운 호랑이도

"말도 안 되는 소리!
내가 어찌 네 형이란 말이냐?"

『효도하는 호랑이』속
선비의 거짓말에 속은
어리석은 호랑이도

옛이야기 속에서만
만날 수 있어요.

사향노루

소원이 무엇일까?

높은 바위산에서
풀쩍풀쩍 마음 놓고
뛰어 노는 걸까?

짝을 만나
새끼 낳고 알콩달콩
살아가는 걸까?

사향* 얻으려는 사람들
수컷 노루 마구 잡으면
그 소원 이루지 못할 거야.

이제는
사향노루 소원이
다 이루어지면 좋겠어.

*사향: 수컷 사향노루의 복부에 있는 향낭(사향샘)에서 얻은 분비물을 건조해서 얻는 향료지요.
사향은 생약으로서 기절하였을 때 정신이 들게 하는 약으로 쓰였어요.

붉은여우

입이 뾰족
귀 끝도 뾰족
날카로워 보이지만

갓 낳은 새끼들 지키려고
곰 앞에서도 절대로
물러서지 않아요.

새끼 아끼는 마음은
보름달처럼
둥글둥글하답니다.

토끼박쥐

토끼처럼 귀가 길어서
붙여진 이름인가봐.

긴 귀로 무얼 하니?

다리에 근육이 없어서
거꾸로 매달려 잔다고?

다리 힘줄에 의지해
큰 귀로 몸 감싸
매달려 자는 거라고?

귀가 긴 이유가
바로 그거였구나!

표범

날 찾아봐라!

숨바꼭질하듯
모습은 보이지 않고
발자국만
흐릿하게 남기고 갔구나!

골짜기 물을 마셨을까?
높은 나무 위에서 쉬었을까?

너의 흔적 찾을 수 있게
어딘가에 발자국 도장
꾹꾹 남겨줘.

산양

서울 용마산
폭포공원에 나타난
산양 두 마리

먼 곳까지 어떻게 왔을까?
냇물을 건넜을까?
골짜기 넘고 넘어 왔을까?

포천 천보산에서
육교 세 개 지나
힘겹게 왔을 거래.

가파른 절벽 위에서
풀 뜯어먹으며
콩콩 뛰어다니는 산양들
도망가지 않게
우리 모두 접근금지

스라소니

밤에 꽁꽁 숨어 있다가
바람소리도 알아채는
귀 끝 안테나로

표범이 지나가면
숨죽이고
생쥐가 지나가면
와락 달려드는
꼬리 짤막한 스라소니

헤엄도
나무타기도 잘하는 맹수

무산쇠족제비

난 제일 작은 육식동물
작아서 우습게 보인다고?

쥐들은 나만 보면
꽁지 빼고 달아나고
난 쥐구멍 빼앗아 살아.
발톱이 약해 땅을 못 파거든.

내가 일 년 동안
잡아먹는 쥐가 몇 마리일까?

이천에서 삼천 마리 정도야.
이래도 내가 우스워 보여?

작은관코박쥐

튜브 모양 코가
밖으로 나와 있는
4센티미터 소형박쥐야.

낙엽 아래
나무껍질 속
산속 깊은 굴속
구새 먹은* 나무구멍 중에서
제일 좋아하는 집은 어디니?

나무구멍에서
들락날락 하는 걸 보니
나처럼 숨는 걸
좋아하는구나!

*구새(가) 먹다: 나무속이 오래돼서 저절로 썩어 구멍이 뚫린 걸 말해요.

담비

가볍고 따뜻하고
보들보들 부드러워
담비로 털옷을 만든 대요.

그것 때문에
재빠른 담비가
사라져가는 줄도 모르고
모피 입고
노란목도리 두르고
총총 어딜 가시나요?

털옷 벗고 싶은
담비 마음을
아는지 모르는지.

삵

하천이
잡초와 칡덩굴 때문에
지저분하다고요?

그래야 삵이 몸을
수풀에 숨기기도 좋고
먹이사냥도 수월하답니다.

드드드득 드드득
잡초 자르는 기계소리
이제는 그만!
있는 그대로의 자연을
삵에게 양보해주세요.

제 2 부

하늘에서 사라져가는 새를 찾아서

황새

겨울철이면
천수만, 금강, 제주도에
어쩌다 찾아오는 황새
우리 할아버지 어릴 적엔
흔히 보던 텃새였대요.

1996년에
다른 나라에서 들여온
네 마리 황새
인공증식* 되어
예산 황새공원에 놓아주었대요.

긴 날개 펼쳐
우리 동네로 날아오면
얼마나 좋을까요?

*인공증식: 야생동물을 자연 상태가 아닌 동물원이나 증식장에서 인위적인 방법으로 늘려서 많게 하는 일을 말해요.

검독수리

절벽 동굴에 사는
검독수리
매서운 눈 반짝
미끄러지듯이 날아

순식간에
사냥감 확 낚아챈다.

꿩아!
들쥐야!
산토끼야!
검독수리 눈에 안 띄게
어서어서 꼭꼭 숨으렴.

노랑부리백로

새가 될 수 있다면
노랑부리백로처럼
갯벌 위에서
풍성한 갈기 휘날리며
사부작사부작 걷고 싶어.

노랑부리로
먹이 잡은 후엔
푸드덕 날갯짓으로
스스로 축하할 거야.

하얀 날개 펼쳐 하늘을 날면
모두 날 바라보며 감탄하겠지.

"와! 정말 아름다워!"

매

해안가 암벽
움푹 들어간 맨바닥
위에는 바위가 튀어나와서
비 맞지 않는 곳

그곳에 낳은
적갈색 얼룩무늬 알
암수가 교대로 품는다.

태어날 새끼 기다리며
28일 동안 정성껏 품는다.

무섭게 생긴 매도
자식한테는 지극정성이다.

두루미

뚜루루 울어 두루미
학이라고도 불리는 새
80년이나 살아 장수 새
비무장지대에 오는 새

머리에 빨간 모자 쓰고
목에 까만 띠 두르고
평화를 실어 나른다.

뜸부기

장마 무렵 조용한 들판에서
뜸~ 뜸~ 뜸~ 울음소리

초록 벼 포기 사이에서
어슬렁어슬렁
빨간 벼슬은 수컷 뜸부기

종종종 어린 새끼 데리고
산책하러 가는 건 암컷 뜸부기
뜸~ 뜸~ 뜸~
어서 오라고 새끼를 부른다.

약 친 논에서
메뚜기 없어지면
뜸~ 뜸~ 뜸~
뜸부기 울음소리도
점 점 점 사라지겠다.

따오기

한국에서 사라진 지
40여 년 만에
우리나라 하늘을 나는
기분이 어때?

창녕우포늪에서
어슬렁어슬렁
굽은 부리
진흙에 묻고
먹이 찾아 먹는
커다란 따오기야!

건강하게 잘 살아가렴.

긴꼬리딱새

나뭇가지 사이
컵 모양 둥지에 앉아
"호잇, 호이."
노래 부르는
수컷 긴꼬리딱새

긴 꼬리 까닥까닥
"어서 와! 빨리 와!"
암컷 부르는

꼬리가 길면
새끼 잘 기를 수 있다는
수컷 긴꼬리딱새

검은머리갈매기

갯벌 둥지 주변에
침입자가 나타나자

급히 아래로 날면서
공격하는 소리를 내요.

다시 위로
다시 아래로
여러 번 날아서 알려요.

가아갹 갸갹
울음소리 신호로 새끼를 지켜요.

긴점박이올빼미

생김새가
부엉이와 비슷하다고?

귀 뿔 깃* 있는 건 부엉이
귀 뿔 깃 없는 건
나야 나
긴점박이올빼미

고목 나무구멍에
둥지 틀고 사는
까만 눈, 노란 부리
나야 나
긴점박이올빼미
보기 드문 텃새란다.

*귀 뿔 깃: 머리 왼쪽과 오른쪽에 난 귀 모양의 깃털을 말해요.

까막딱따구리

소나무에 앉아
따다다다 따따 따다다
드럼 치듯 구멍파기 바빠요.

썩어가는 오래된 나무에
여러 개 둥지 만들어요.

진흙 바르고
천연황토방 둥지 만드는
숲의 건축가예요.

우두두두 두두
장맛비 쏟아져도
끄떡없지요.

수리부엉이

어두워지면
붉은 눈 번쩍번쩍
크게 뜨고

파도 모양으로
소리 없이 날아가
먹이 사냥 시작한다.

고개 양쪽으로 돌려
큰 눈으로
개구리, 쥐, 산토끼
사냥감 찾아내면
단숨에 낚아챈다.

넓적부리도요

주걱모양 넓은 부리
물 밑바닥에 넣고

오른쪽 왼쪽
휘휘 저어
미꾸라지 한 마리
꿀꺽 삼키네.

오른쪽
왼쪽
휘휘
해지는 줄도 모르고
쉬지 않네.

노랑부리저어새

한쪽 다리로 서서
부리를 등 뒤로 돌려
깃털에 파묻고
뭐하는 거니?

쉬는 거라고?

그러다
꽈당 넘어지면
어쩌려고 그래.

널 바라보는
내 마음 콩닥콩닥

크낙새

클락, 클락, 클락 우는 새
나무줄기 쪼아 벌레 잡아먹자
새로 구멍이 생겼어요.

"둥지 세놓습니다. 아무나 오세요."
인심 좋은 크낙새 소리치자

박새가 총총 날아오고
나무발바리도 급히 날아와
"얼씨구나, 좋다!"
날갯짓하며 공짜로 살아요.

큰말똥가리

크고 긴 날개로
천천히
날아다니는
나그네새
큰말똥가리야!

눈 말똥말똥 굴리며
무얼 그리 찾니?

맛난 먹이 찾으려나.
오늘 쉴 곳 찾으려나.

붉은해오라기

시골
외딴집에 사는
우리 할머니처럼

그늘진 숲속 늪지에
혼자 사는
붉은해오라기

이리저리 서성대며
누굴 기다리는 걸까?

함께 이야기 나눌
친구가 필요한가봐.

제 3 부

물에서 사라져가는 생물을 찾아서

물개

물에서는
헤엄 잘 치는
수영 선수 물개야!

물고기 지느러미 모양
앞발 뒷발 덕분이라며?

땅에서는
두 발로 걸어 다니고
달리기도 할 수 있는 물개야!

물개, 너 설마
달리기 선수도 하려는 건 아니지?

점박이물범

남한과 북한
자유롭게 오간대요.

물범바위에서
쨍쨍 태양열 쬐며
일광욕 즐기는
백령도 터줏대감이지요.

앞다리가 짧아
배를 땅에 붙이고
통 통 통
배밀이 하는

귓바퀴 없는
민머리 점박이물범

큰바다사자

모래톱에서는
거대한 몸집 때문에
뒤뚱뒤뚱 기우뚱

바다 속에서는
깊은 곳으로
스르륵 스르륵
날렵하게 잠수하는
잠수 왕이었구나!

철갑상어

철갑상어로 불린다고
꼬리지느러미 닮았다고
수영하는 모습 비슷하다고
다 상어는 아니야.

난 상어처럼
다른 물고기들
마구 잡아먹지 않거든.

수염을 바닥에 질질 끌면서
곤충, 조개류 먹이만 찾아다녀.

수달

수달들이
누워서 수영하다가
물속 깊이
잠수했다가
물 위로
쏘옥
고개 내민다.

수중 발레리나처럼
물속을 들락날락하며
멋진 공연을 펼친다.

강치

강치가 사라진 독도에
외로이 남아있는
가제 바위

철썩철썩
파도가 밀려오면

바위에 앉아 쉬던 강치
보고 싶은지

"강치야!"
"강치야!"

부르며
눈물 뚝뚝 흘린다.

상괭이

나는 작은 돌고래야!
등지느러미 대신
작은 돌기가 나 있어.
여기에 새끼를 태우기도 해.
그런데 말이야.
바다가 자꾸 더러워져서
내가 살 곳이 점점 망가지고 있어.
내가 편히 살 수 있게 도와줘.
제발 부탁이야.

귀신고래

잔잔한 바다 위로
커다란 머리 쑥 내밀어
이쪽저쪽 둘러본
고래 때문에 놀란 어부들
"귀신이 나타났다!"
소리치며 달아났대요.

그 이후로 쇠고래는
멀쩡한 이름 놔두고
귀신고래로 불리게 되었대요.

"귀신고래가 나타났다!"
듣기만 해도 등골이 오싹해질걸요.

붉은발말똥게

심하게 쿠린 말똥 냄새
어디서 나는 거지?

혹시 붉은발말똥게 너니?

너 어쩌다
말똥을 밟았어?
기분이 구리지?

나도 전에
개똥 밟아봐서 그 기분 알아.
정말 구렸어.

의염통성게

깊은 바다
깨끗한 모래에 사는
의염통성게

붉은 보랏빛
꽃무늬가 예쁘다고요?

움직이는 꽃이랍니다.

모래 속 유기물 먹어
썩지 않게 한다고요?

바닷모래 속 청소부랍니다.

바다거북

햇볕 쨍쨍
바람 솔솔
무인도 모래사장에서
일광욕하는 바다거북

자외선차단제 발랐니?

너무 오래 일광욕하면
불에 덴 것처럼
화끈거리니까 조심해.

등딱지가 있어서 괜찮다고?

넌 두꺼운 등딱지가 있어서
데지 않으니 좋겠다.

물거미

거미줄 만드는 실젖
물 위로 내밀어
커다랗게 만든 공기주머니
내가 만든 우리 집이야.

산소통처럼
물속에서
숨 쉬게 해줘.

그 속에서
먹이 먹고
알도 지키며
안전하게 키우지.

공기주머니는
안락한 보금자리야.

해마

어머나!
뽕뽕 뽕뽕
해마 새끼들이
아빠 주머니에서 나와.
정말 힘들었겠다.

아?
아니거든요.

캥거루처럼
아빠 배에도
육아 주머니가 있어요.

엄마가
주머니에 알 낳으면
아빠는 영양분을 주고
혼자 헤엄칠 때까지 키워줘요.

남방큰돌고래

너 그거 아니?

고래가
도구를 이용한다는 걸.

해면동물
탁탁 부숴서
글러브 끼듯이
위턱에 끼운대.

다치는 걸 막거나
친구들과 모여
놀이할 때 사용하는 거래.

갯게

몸집이 커다랗고
희귀하게 생긴 갯게

해가 지면
구멍에서 쏙 나와
옆으로 발발
재빠르게 기어
어딜 가니?

아하!
보는 이가 없어
신나게 놀러 가는 구나!

고리도롱뇽

전 세계에서 오직 한 곳
대한민국 고리 지역에만 산다며?

그래서 이름도
고리도롱뇽으로 불린다며?

다른 곳에 사는 도롱뇽과는
전혀 다른 희귀종이라며?

알 많이 낳아
우리나라 고리에서
오래도록 살면 좋겠어.

땅에서 사라져가는 동물들을 소개합니다.

대륙사슴
- 멸종위기 야생동물 1급
- 한국에서는 멸종
- 멸종이유: 조선총독부 해수 구제사업*으로 1940년대에 멸종되어 자취를 감추었어요.
  *해수 구제사업: 일제 강점기에 조선총독부가 "사람과 재산에 위해를 끼치는 해수 즉 해로운 짐승을 구제한다."라는 명분을 내세워 한반도 내 야생동물에 대한 체계적인 보전 정책 없이 야생동물들의 퇴치와 포획을 주도 및 장려한 것을 말해요.

늑대
- 멸종위기 야생동물 1급
- 한국에서는 멸종
- 멸종이유: 일제 강점기에 해로운 동물을 없앤다는 이유로 3,000마리 이상의 우리나라 늑대가 대량 학살을 당하였어요. 더군다나 먹이인 대륙사슴이 사라지면서 늑대의 수도 점차 줄어들어 멸종되었어요.

반달가슴곰
- 천연기념물 제 329호
- 멸종위기 야생동물 1급
- 평균수명: 24년
- 멸종이유: 6·25전쟁과 자연 개발로 서식지 파괴, 보신 문화, 무분별한 밀렵으로 멸종위기에 처해 있었으나 지리산 종복원 기술원에서 반달가슴곰 복원작업을 했어요.

하늘다람쥐
- 천연기념물 제328호
- 멸종위기 야생동식물 2급
- 평균수명: 15년~20년
- 멸종이유: 사람들이 하늘다람쥐 먹이인 도토리를 많이 가져가 숫자가 줄어들었어요. 60~70년대에는 마구 잡아서 유럽으로 수출하는 바람에 개체 수가 확 줄고 말았어요.

붉은박쥐
- 천연기념물 제 425호
- 멸종위기 야생동물 1급
- 평균수명: 12년~20년 정도
- 멸종이유: 산림 훼손과 동면 장소로 이용할 만한 동굴과 폐광이 없어지는 것이지요. 박쥐를 보호하려면 동굴과 폐광 입구를 창살로 막아서 출입할 수 있도록 해야 해요.

시베리아 호랑이
- 멸종위기 야생동물 1급
- 한국에서는 멸종
- 멸종이유: 시베리아 호랑이는 일본 조선총독부의 '해수 퇴치 운동'으로 사람들이 가죽과 뼈를 얻기 위해 마구 사냥해서 멸종되었어요.

사향노루
- 천연기념물 제 216호
- 멸종위기 야생동물 1급
- 평균수명: 사육 상태에서 약 20년
- 멸종이유: 사향을 잘라 말려서 팔거나 향수 만들기 위해 마구 잡아서 개체 수가 줄어들고 있어요.

붉은여우
- 멸종위기 야생동물 1급
- 평균수명: 6~10년
- 멸종이유: 1960년대 쥐잡기 운동으로 인한 쥐약 사용과 농약 살포로 여우의 먹을거리인 쥐와 뱀들이 사라져 자취를 감추기 시작했어요. 또한 여우 털을 노린 남획과 난개발로 인해 산림이 파괴되면서 서식지가 점점 줄어 사라지게 되었어요.

토끼박쥐
- 멸종위기 야생동물 2급
- 평균수명: 4~5년
- 멸종이유: 서식지가 점점 줄어 개체 수도 줄어들게 되었어요.

표범
- 멸종위기 야생동물 1급
- 평균수명: 20~25년
- 멸종이유: 일제 강점기 때 포획과 서식지 감소로 사라졌어요. 국립생물자원관은 한국 표범의 고품질 게놈*을 분석해 과학적으로 복원하는데 필요한 기초자료를 확보해 두었대요.

*게놈: 한 생물이 가지는 모든 유전 정보를 말해요.

산양
- 천연기념물 제 217호
- 멸종위기 야생동물 1급
- 평균수명: 17년
- 멸종이유: 1964년 3월의 대폭설로 말미암아 강원도에서 3,000마리나 포획되었대요. 이듬해 2월 설악산·대관령·오대산·태백산 계곡에 1~1.5m의 폭설이 내렸을 때도 3,000마리가 포획되었지요. 현재는 국립공원관리공단 종복원 기술원을 통해 설악산, 오대산, 월악산에서 복원사업을 진행 중이에요.

스라소니
- 멸종위기 야생동물 1급
- 평균수명: 약 11년
- 멸종이유: 서식지가 점점 줄어 개체 수도 줄어들게 되었어요.

무산쇠족제비
- 멸종위기 야생동물 2급
- 평균수명: 1년
- 멸종이유: 서식지가 점점 줄어 개체 수도 줄어들게 되었어요.

작은관코박쥐
- 멸종위기 야생동물 1급
- 평균수명: 12~20년
- 멸종이유: 서식지가 점점 줄어 개체 수도 줄어들게 되었어요.

담비
- 멸종위기 야생동물 2급
- 평균수명: 최대 14년
- 멸종이유: 옛날엔 산지에서 토산품으로 진상하였던 모피 중에서 담비로 만든 것이 제일 유명했대요. 세계적으로 유명한 모피 때문에 담비의 수가 많이 줄어들었어요. 요즘엔 개발로 인하여 서식지가 나뉘어 분포지역이 감소함에 따라서 개체 수가 급감하는 것으로 알려져 있어요.

삵
- 멸종위기 야생동물 2급
- 평균수명: 10년 이내
- 멸종이유: 산림지대의 계곡, 바위굴, 연안, 비교적 키 작은 나무로 덮인 산골짜기 개울가에서 주로 살아요. 자연 개발로 인한 서식지 파괴로 숫자가 줄어들고 있어요.

하늘에서 사라져가는 새들을 소개합니다.

황새
- 천연기념물 제199호로 지정하여 보호하고 있어요.
- 평균수명: 25년 이상
- 멸종이유: 농경지 변화로 인한 서식지 감소와 환경오염으로 먹이원이 줄고, 밀렵이 성행하면서 1990년대 이후 텃새 집단은 멸종했어요. 1996년 황새생태연구원이 문을 열면서 복원사업이 시작되었어요. 러시아 아무르 지역에서 어린 황새 2마리 데려와 인공증식을 시작한 후에 일본, 러시아, 독일 등지에서 알과 어린 새를 들여와서 개체 수를 늘렸어요.

검독수리
- 천연기념물 제243-2호
- 멸종위기 야생동물 1급
- 평균수명: 20~30년
- 멸종이유: 서식지와 먹이의 감소로 개체수가 줄어들었어요.

매
- 천연기념물 제323-7호
- 멸종위기 야생동물 1급
- 평균수명: 15년
- 멸종이유: 자연 개발로 인한 서식지의 감소로 개체 수가 줄고 있어요.

노랑부리백로
- 천연기념물 제361호
- 멸종위기 야생동물 1급
- 멸종이유: 번식지에서는 낚시나 알 채집 등 인간의 간섭, 서식지에서는 개발에 따른 갯벌의 감소가 위협요인이 되고 있어요.

두루미
- ■ 천연기념물 제202호
- ■ 멸종위기 야생동물 1급
- ■ 평균수명: 30년~86년
- ■ 멸종이유: 서식지의 감소와 자연환경의 파괴로 개체 수가 줄어들고 있어요.

뜸부기
- ■ 천연기념물 제446호
- ■ 멸종위기 야생생물 2급
- ■ 평균수명: 5~10년
- ■ 멸종이유: 논에 농약을 많이 뿌리자 메뚜기가 없어지고 뜸부기도 줄어들었어요.

따오기
- ■ 천연기념물 제198호
- ■ 멸종위기 야생생물 2급
- ■ 평균수명: 확실히 알려진 바 없으나 일본에서 사육된 따오기 36년간 생존
- ■ 멸종이유: 남획, 오염, 서식지 감소로 해방 무렵부터 급속히 사라져 국내에서 멸종했어요. 우리나라는 우포따오기복원센터에서 2008년 중국으로부터 한 쌍의 따오기를 도입한 이후 2019년까지 401마리를 증식하였어요. 이 중에서 40마리를 2019년 5월에 창녕우포늪에 자연 방사하였어요.

긴꼬리딱새
- ■ 멸종위기 야생생물 2급
- ■ 멸종이유: 서식지 감소와 먹이 감소로 줄어들고 있어요. 한국과 일본에서는 여름 철새로 찾아오고, 대만에서는 텃새로 머물러요. 비번식기에는 말레이반도, 수마트라, 필리핀에서 월동해요.

검은머리갈매기
- ■ 멸종위기 야생생물 2급
- ■ 평균수명: 15년 정도
- ■ 멸종이유: 번식지는 영종도, 인천 송도, 시화호 등인데 현재 대규모 갯벌 매립 및 개발공사로 번식지와 취식지가 모두 사라질 위기에 처해 있어요. 새를 보호하기 위해서는 반드시 최소한의 번식지와 취식지가 지켜져야 해요.

긴점박이올빼미
- 멸종위기 야생생물 2급으로 지정된 텃새
- 멸종이유: 숲 개발로 인한 서식지의 감소로 개체 수가 줄어들었어요.

까막딱따구리
- 천연기념물 제242호
- 멸종위기 야생생물 2급
- 평균수명: 10년
- 멸종이유: 크고 오래된 나무의 벌채로 지역에 따라 자취를 감추어가고 있으며, 남한지역에서도 점차 사라지고 있는 희귀종이지요. 숲에서 쭉 볼 수 있도록 잎이 넓은 나무를 많이 심어주고 고목도 살려두어야 해요.

수리부엉이
- 천연기념물 제324-2호
- 멸종위기 야생생물 2급
- 평균수명: 약 20년
- 멸종이유: 약용으로 남획되고, 1960~80년대 쥐잡기 운동이 펼쳐지면서 먹이가 부족해지고, 과도한 농약 사용과 서식지 파괴 등으로 점차 수가 줄어들었어요. 최근에는 서식지 감소와 교통사고 사망, 감전 사고 등이 생존을 위협하고 있어요.

넓적부리도요
- 멸종위기 야생생물 1급
- 멸종이유: 번식지 상실, 중간기착지 및 월동지역 상실, 월동지에서 식용을 위한 사냥으로 개체 수가 감소하고 있어요. 특히 중간기착지인 우리나라 새만금 등 서해안의 개발 때문이지요.

노랑부리저어새
- 천연기념물 제205-2호
- 멸종위기 야생생물 2급
- 멸종이유: 갯벌 매립으로 인한 서식지 감소로 개체 수가 줄어들고 있어요.

크낙새
- 천연기념물 제197호
- 멸종위기 야생동물 I급
- 멸종이유: 살충제의 과도한 사용과 산림 파괴로 서식지가 줄면서 사라졌던 거예요.

큰말똥가리
- 멸종위기 야생동물 2급
- 평균수명: 6~10년
- 멸종이유: 서식지 감소로 개체 수가 줄어들고 있고, 우리나라에서 겨우살이를 해요.

붉은해오라기
- 멸종위기 야생생물 2급
- 멸종이유: 남벌, 산림 개간 등에 의한 번식지 및 서식처 감소가 개체 수 감소의 주요 원인이지요. 제주도, 부산, 하태도, 금오도 등 일부 남해안의 해안에 분포해요.

물에서 사라져가는 생물을 소개합니다.

물개
- 멸종위기 야생생물 2급
- 평균수명: 25년 내외
- 멸종이유: 18세기 무렵 모피가 방한용과 장식용으로 사용되자 수요가 급증하여 마구 잡아가서 멸종 직전에 이르기도 했대요. 1911년 미국, 영국, 일본, 러시아 4개국이 물개 보호조약을 체결해 보호하기 시작한 이래 멸종위기로부터는 벗어났어요.

점박이물범
- 천연기념물 제331호
- 멸종위기 야생생물 2급
- 평균수명: 30년 전후
- 멸종이유: 바다의 오염으로 인하여 개체 수가 줄어들고 있어요.

큰바다사자
- 멸종위기 야생생물 2급
- 평균수명: 30년 정도
- 멸종이유: 최근 밝혀지지 않은 이유로 인해 개체수가 급격하게 줄어들고 있어서 국제자연보존연맹에서 멸종위기 종으로 지정하고 있어요.

철갑상어
- 평균수명: 10~13년 정도
- 멸종이유: 1977년을 기점으로 남한에서 토종 철갑상어는 멸종되었어요. 현재는 북한과 중국에서만 자연 분포하고 있어요. 2009년 경기도 민물고기연구소가 북한에서 토종 철갑상어 치어를 들여와 종복원산업을 벌여 2014년에 양식하는데 성공했대요.

수달
- 천연기념물 제330호
- 멸종위기 야생생물 1급
- 평균수명: 19년 정도
- 멸종이유: 과거에는 전국 어느 하천에서나 흔히 볼 수 있었는데 모피를 얻기 위해 마구 잡고 하천이 오염된 결과로 개체 수가 줄어들었어요.

강치
- 1994년 국제자연보전연맹이 절멸을 선언
- 평균수명: 20년
- 멸종이유: 일제 강점기 때 강치의 가죽과 기름이 돈이 된다고 일본인들이 독도에 몰려와 무차별하게 잡아갔기 때문이래요. 1904년에서 1905년에는 5,600여 마리의 강치를 잡아갔다고 해요. 그 이후에도 약 8년 동안 14,000마리가 잡혀가고 모두 멸종되었어요. 강치가 머물렀다는 가제 바위만이 독도에 남아있어요.

상괭이
- 2016년부터 해양 보호 생물로 지정하여 관리하고 있어요.
- 평균수명: 약 20년~25년
- 멸종이유: 연안에 살아서 그물에 걸리거나 포획으로 죽는 사례가 많아요. 환경오염으로 인한 서식지 파괴도 상괭이 개체 감소의 주요 원인이지요.

귀신고래
- 천연기념물 제126호
- 평균수명: 50년~60년
- 멸종이유: 무분별한 남획으로 인해 한때 멸종위기 위급 종으로 분류기도 했으나, 포경 금지 조치로 인해 개체 수가 회복되었어요.

해마
- 2003년 세계자연보전연맹에서 멸종위기 종으로 지정하였어요.
- 평균수명: 5~10년
- 멸종이유: 환경오염으로 인한 서식지 파괴와 수요 급증으로 인한 남획이 원인

의염통성게
- 멸종위기 야생생물 2급
- 평균수명: 5~6년
- 멸종이유: 수심 200m 모랫바닥에 살기 때문에 바닷모래 채취로 서식지가 파괴되는 것이지요.

바다거북
- 세계자연보전연맹에 의해 국제적 멸종위기 종으로 지정하여 보호되고 있어요.
- 평균수명: 약 100년 이상
- 멸종이유: 땅 위 모래사장에서 번식하는데, 기후 온난화의 영향으로 해수면이 높아지면서 적도 가까이에 있는 번식 장소가 사라지고 있어요. 바다거북 고기와 알의 맛이 좋아 마구잡이로 잡아가요. 또한 지방은 비누의 원료로도 쓰인대요.

붉은발 말똥게
- 멸종위기 야생생물 2급
- 멸종이유: 서식 조건이 까다로운 데 개발로 인한 서식지 훼손으로 인하여 개체 수가 줄어 가요.

물거미
- 천연기념물 제412호
- 멸종위기 야생생물 2급
- 평균수명: 1~2년
- 연천군 전곡읍 은대리 물거미 서식지가 천연기념물 제412호로 지정되었어요.
- 멸종이유: 서식지의 감소로 개체 수가 줄고 있어요.

남방큰돌고래
- 2020년 제주도가 천연기념물로 지정하는 방안을 추진하고 있어요.
- 평균수명: 약40년
- 멸종이유: 해안 개발과 소음, 화학물질에 의한 해양오염 등으로 돌고래 서식지가 파괴되고 있어요. 돌고래는 호기심이 많아 사고로 그물에 몸이 얽혀 잡히기도 해요.

갯게
- 멸종위기 야생생물 2급이며 해양 보호 생물
- 멸종이유: 해안가나 하구 습지 등 환경변화가 민감한 지역에 살아서 멸종위기에 처해 있어요.

고리도룡뇽
- 멸종위기 야생생물 2급
- 평균수명: 약 10년 정도
- 멸종이유: 청정 1~2급수 계곡물에 사는데 자연환경이 오염되어 서식지가 줄자 개체 수가 줄어들었어요.

| 그림 작가의 말 |

동물 그림을 그릴땐 늘 동심으로 돌아갑니다.
숲속도 살피고, 물에 풍덩 빠지기도 하고, 하늘 높이 날기도 하고,
어느새 그림이 완성 되었네요.
즐겁고 소중한 시간이었습니다.

어떻게 그려지는지 궁금하시죠?

자료 수집 및 밑그림

색칠하기

털끝 하나까지 그려요

분위기 내주는 배경을 그려요.

완성이네요!

시인 조소정

2002년 동시로 〈아동문예문학상〉 수상, 2009년 동화로 〈한국안데르센상〉 은상 수상, 2020년 〈경기문화재단〉 창작지원금을 받았어요.

동시집으로 『여섯 번째 손가락』, 『중심잡기』, 『양말이 최고야』, 『민물고기 특공대』, 『연습장에서 튕겨 나간 곰』이 있어요. 『중심잡기』는 '2014년 세종도서 문학 나눔 우수도서'로 선정되었어요.

동화로 『쿰바의 꿈』, 『빼빼로데이』, 『나는 앨버트로스다』, 『흥얼흥얼 노래하는 고슴도치』, 『뭉치자! 통일소년단』이 있어요. 『쿰바의 꿈』은 한국 도서관협회 '2012 우수 문학도서'로 선정되었어요.

그림책으로 『수중 발레리나가 된 수달』, 교양서로 『기후변화에 관심을 가져야 하는 12가지 이유』가 있어요. 오디오북은 『흥얼흥얼 노래하는 고슴도치』, 『고양이 로하의 집사 만들기 작전』이 있어요. 반려견 행복이와 산책을 즐기며 아이들을 위한 재미난 글을 쓰려고 노력하고 있답니다.

이메일_literature1018@hanmail.net

화가 신외근

경희대학교 미술교육과를 졸업한 후 광고회사에서 디자이너와 아트 디렉터로 일했어요. 여러 대학에서 광고 디자인 강의를 했으며 스토리보드·광고 일러스트레이터로 활동하고 있어요.

그린 책으로는 동시집 『여섯 번째 손가락』, 『할아버지의 발톱』, 『우리 것이 딱 좋아』, 『민물고기 특공대』, 『와글와글 갯벌』이 있어요.

동화집으로 『빼빼로데이』, 『백두산 검은 여우』, 『나는 앨버트로스다』, 『흥얼흥얼 노래하는 고슴도치』, 『70년대 이야기 속으로 풍덩』이 있어요.

그림책으로는 『수중 발레리나가 된 수달』이 있고, 교양서로 『기후변화에 관심을 가져야 하는 12가지 이유』가 있어요.

다양한 책에 그림을 그려 어린이들에게 즐거움을 주고 있어요.

블로그_http://blog.naver.com/shin5065